AF322207

L'ESCLAVAGE

ET

LA TRAITE

A CUBA

PARIS

TYPOGRAPHIE TOLMER ET ISIDOR JOSEPH

43, RUE DU FOUR-SAINT-GERMAIN, 43

1876

NOTE
DU TRADUCTEUR

« La France avoue avec l'Angleterre, dit Chateaubriand en parlant des colonies espagnoles (1), que, lorsque des troubles se prolongent et que le droit des nations ne peut plus s'exercer pour cause d'impuissance d'une des parties belligérantes, le droit naturel reprend son empire. »

C'est ce droit naturel que défend Cuba, depuis bientôt huit ans, contre l'Espagne impuissante. C'est ce droit que les gouvernements sud-américains — Pérou, Chili, Equateur, Guatemala, Costa-Rica, etc. — ont reconnu chez le soldat indépendant des Antilles espagnoles. C'est ce droit que soutient vaillamment le plus grand nombre des journaux de Paris, soit qu'ils traitent la question cubaine, soit qu'ils parlent de la lutte héroïque soutenue par les peuples de la Bosnie et de l'Herzégovine.

C'est aussi là ce qui m'a encouragé à entreprendre ce travail qui, une fois complété, fera voir comment à Cuba la révolution germe, naît et se développe, pour arriver fatalement au triomphe final.

Cette publication est due à la plume d'un Cubain. En la traduisant hâtivement j'aurai le regret de voir disparaître les élégances du langage, la cadence des périodes, la puissance du style; mais pour le moment le fond de la chose est ce qu'il importe de faire connaître aux républicains français, et le public voudra bien l'accueillir telle qu'elle se présente à lui, en ne tenant compte que de la bonté de la cause et de la pureté de l'intention.

Les difficultés de la guerre à Cuba ont fait à nos soldats une nécessité de l'héroïsme. On se souvient du mot de Toussaint Louverture — ce nègre si Français — au général Leclerc. Le grand orateur américain Wendel Phillips raconte qu'à la demande du général, devant les troupes en haillons et sans armes du chef haïtien : « Si vous aviez continué la lutte, Louverture, où donc auriez-vous trouvé des armes ?

— J'aurais pris les vôtres », répondit le premier des noirs.

(1) *Congrès de Vérone*, tome Ier, page 93. Édition Delloye. Paris, 1838.

Les Cubains ne l'ont pas dit, ils l'ont fait. Les vingt-cinq mille hommes qui tiennent la campagne contre cent cinquante mille Espagnols ne sont armés que des remingtons enlevés à l'ennemi. Cette tactique, inaugurée dans l'intérieur de l'île, a été adoptée par l'émigration. Il arrive donc que, dans la presse, nous nous servons des articles espagnols pour réfuter les dépêches espagnoles, et c'est peut-être ce qui a inspiré à l'auteur l'idée de fouiller dans les archives de la Société abolitionniste de Londres les documents nécessaires à la réfutation des opinions soutenues en faveur de l'Espagne esclavagiste, par les membres les plus influents de cette Société philanthropique.

Il s'agit, comme on le voit, dans cet écrit « *De l'esclavage et du trafic des esclaves* ». C'est le chapitre III d'une œuvre inédite dont le but est de démontrer:

1º Que la révolution cubaine naît dès le jour où la conquête espagnole commence par se baser sur la cruauté et sur la terreur ;

2º Qu'elle germe sourdement pendant des siècles, au cœur des habitants, marquée par la séparation qui s'établit entre la chaste famille créole, héritière de la race indienne exterminée, et gardienne des souvenirs légendaires d'une guerre sans pitié, et l'orgueilleux conquérant toujours prêt à réclamer les droits du vainqueur, toujours armé du *Væ victis*, toujours investi de la puissance *de supprimer aux fils du pays l'air même qu'il leur permettait de respirer* (1).

3º Qu'à des tentatives avortées et étouffées dans le sang devait nécessairement succéder le suprême effort, la révolution de Yara, dont le triomphe, d'autant plus glorieux qu'il est plus pénible, n'offre pas l'ombre d'un doute pour l'homme impartial qui connaît et le pays et la guerre incomparable qu'y fait l'armée cubaine.

Jusque-là « conspirations, luttes, persécutions, vengeances, tout s'était produit sans éclat, sans applaudissements et sans pitié. On aurait dit que les marches de l'échafaud même y étaient tendues de velours, tant les têtes y faisaient peu de bruit en tombant (2). »

Pourtant, — je traduis textuellement quelques lignes de l'ouvrage inédit dont je parle, — « cette île, dont le territoire a une extension à peu près égale à celle de l'Angleterre, se trouve placée à l'entrée même du golfe mexicain, en face de l'isthme de Panama. Elle a plus de deux mille milles de côtes découpées par des baies nombreuses et commodes. Elle est entourée, à courte distance, par les États-Unis, le Mexique, Saint-Domingue et la Jamaïque. La fertilité du sol y est si grande, qu'il y en a bien peu au monde qui l'égalent, et aucune terre ne lui est supérieure. Tous les animaux utiles s'y acclimatent et se multiplient avec une extrême rapidité. Les fruits les plus estimés s'y récoltent sans efforts et leur abondance est si grande que le terrain capable ailleurs de subvenir aux besoins d'un seul homme y donne assez de produits pour alimenter une famille nombreuse (3).

(1) Cette folie de l'orgueil castillan a été dite dans les journaux de la Havane et de Porto-Rico.

(2) MAZZINI, *L'Italie, l'Autriche et le Pape*. Paris, 1845.

(3) HUMBOLDT, *Essai politique sur l'île de Cuba*. Paris, 1826

« Cependant sa population totale, malgré la douceur et la salubrité du climat, atteint à peine aujourd'hui le chiffre d'un million et demi d'habitants, et les quatre cinquièmes de ces terres si fertiles se trouvent nues ou sans culture. Telle qu'elle est néanmoins, inculte et dépeuplée, Cuba a pu exporter tous les ans, en sucres et en tabacs une somme de quinze millions de livres sterling (375 millions de francs), sans compter les autres produits.

« Son commerce d'importation et d'exportation montait, il y a huit ans, à cent quarante-quatre millions de piastres (720 millions de francs). La part de l'Angleterre s'élevait à 22,52 pour cent, c'est-à-dire à six millions et demi de livres sterling (162,500,000 francs).

« Le capital que représentent ces produits peut être évalué pour le moins à deux cents millions de livres sterling (cinq milliards de francs) (1).

« De telles données permettent d'apprécier facilement l'importance commerciale de Cuba, même dans les conditions très-défavorables où elle se trouve. Il est aisé de comprendre, ne fût-ce qu'approximativement, l'accroissement que prendraient sa production agricole et son commerce en quelques années de liberté et sous un gouvernement honnête, ainsi que les avantages qu'on retireraient les nations productives et commerçantes. »

Je me trouverais bien récompensé de cet humble travail, si je parvenais à réveiller la curiosité française et à inspirer assez d'intérêt pour que l'on se mît à chercher impartialement la vérité sur Cuba. Le drame qui s'y déroule a quelque attrait et le théâtre vaut la peine d'être visité. Avec les autres Antilles, cette île semble destinée, par l'indépendance, à devenir la clef du golfe mexicain et, par sa position, à servir de colonne à la balance des deux Amériques.

Les Espagnols se sont flattés, toujours en vain, d'avoir assujetti ces contrées et d'avoir *fait la civilisation des Indes*. Il y a un ouvrage contemporain de la conquête dont le titre est bien éloquent. Que l'on ouvre les œuvres du vénérable Las Casas et on lira : « Simple relation de la *destruction des Indes* (2). Cela dit tout. Il s'est toujours agi en Amérique d'*exterminer*, et « lorsque l'Espagnol farouche, dit Bolivar, en eut fini avec les races autochthones, il se retourna furieusement contre ses propres enfants pour les dévorer ». Les reflets de sang finirent par rougir le front de nos rois, et le mot conquête étant synonyme d'extermination, il fut ordonné (3) aux aven-

(1) Mr. CONSUL DUNLOP, in *Commercial reports from Her Majesty's consuls in 1860-70*. London, 1871.

(2) *Brevísima relacion de la destruccion de las Indias*, etc.

(3) *Por justas causas y consideraciones, conviene que en todas las capitulaciones, que se hicieren para nuevos descubrimientos, se excuse esta palabra conquista y en su lugar se use de las de pacificacion y poblacion, etc., etc.* — Recopilacion de las leyes de Indias, Ley VI, título I, libro IV. — Pag. 94 del 2º tomo, Madrid, 1841. Édition corrigée et approuvée par la Chambre des Indes du Tribunal suprême de Justice. — Bien considéré et par de justes causes *il convient* que, dans toutes les capitulations qui seront faites pendant les nouvelles découvertes, on évite ce mot *conquête*, et qu'à sa place on emploie ceux de *pacification* et *population*, etc., etc. — Collection des lois des Indes, etc.

turlora de no plus parler de *conquérir* et d'*exterminer*, mais bien de *pacifier* et de *peupler*. Les mots changés, la chose resta la même, Jusqu'aujourd'hui.

Qu'arriva-t-il ?

Les peuples américains rompiren t, pour se constituer séparément, les liens qui les unissaient à la métropole, et celui-là est le plus près de la civilisation qui a osé adopter les mesures les plus radicales, pour se dépouiller des coutumes et des in stitutions espagnoles. Ainsi de l'esclavage, une des causes de la guerre cubaine.

Comme preuve de la supériorité de nos principes sur ceux des Espagnols, le chapitre III, sur la traite, est un argument puissant en faveur de la révolution. Il prouve, en effet, que de tous temps les Cubains se sont opposés au trafic des esclaves et à l'esclavage, tandis que les Espagnols ont toujours favorisé ce commerce et soutenu cette abominable institution. Ce fait avait été déjà constaté par M. E. Duvergier de Hauranne, qui dit (1) :

« Je ne sais si... une révolution se prépare à Cuba, grâce au progrès du parti de l'abolition de l'esclavage, reconnue urgente et salutaire dans l'intérêt même des propriétaires fonciers... Il y a... me parait-il,... *une forte aversion* pour l'esclavage chez *les hommes* les plus *éclairés du pays...* »

Il est curieux de voir dès longtemps, à Cuba, des créoles, propriétaires comme MM. Gener, Guiteras, le vénérable M. Mueses et quatre-vingt-dix autres jetés dans les prisons du Morro ou exilés, pour avoir osé plaider en faveur des noirs (2), et le gouverneur O'Donnell recevant trois onces d'or (240 francs) par sac de charbon introduit dans l'île; ou encore la reine Christine, représentée à la Havane par son agent Don Juan Antonio Parejo, grossissant ses richesses par le commerce de l'ébène.

Il est curieux de voir les Cubains Cespédès, Aguilera, Figueredo, etc., dire à leurs esclaves : « Soyez libres ! Et maintenant, suivez-nous, si vous nous aimez » ! et d'entendre l'Espagne — de Christine à Castelar — s'écrier : « Fléchissez le genou ! A plus tard la liberté, si cela nous plaît » !

Malgré cela et pendant que les Cubains combattent encore aujourd'hui pour leur indépendance et pour la liberté des noirs, il se passe à Londres un phénomène singulier.

L'Angleterre, qui a souvent accusé la France de vivre en dehors de tout ce qui ne se passe pas dans son sein, paraît être à son tour dans la plus complète ignorance de ce qui actuellement a lieu à Cuba. Aussi voyons-nous la Société abolitionniste de Londres, le *Times* et le gouvernement britannique lui-même, trompé sans doute par le journal de la Cité et par les réclamations de l'Association philanthropique, inclinés à se déclarer en faveur de l'Espagne esclavagiste contre Cuba libératrice.

(1) *Revue des deux mondes*, XXXVIe année. — Seconde période, — tome soixante-cinquième, 1er septembre 1866, 1re livraison, page 160, *Cuba et les Antilles.*

(2) Papiers du Parlement britannique de 1844. — Et encore : *Anti-Slavery Reporter* de 1863.

Représentée par des hommes d'une haute importance, comme MM. Joseph Cooper et Edmund Sturge, mais égarée par le mirage traditionnel de la civilisation dans la péninsule Ibérique et de l'état sauvage dans les colonies, la Société abolitioniste a mieux aimé s'en rapporter à des articles pleins d'erreurs ou mal intentionnés, publiés dans le *Times*, dans le *Norfolk News*, de Norwich, et même dans la *Revue d'Édimbourg*, que consulter ses propres archives et se renseigner à l'aide de documents usés dans les mains de ses honorables secrétaires.

Plusieurs de ces articles, — j'en excepte la *Revue d'Édimbourg*, dont la bonne intention est manifeste, quoiqu'elle arrive à une conclusion fausse, en proposant l'autonomie, — ces articles n'ont été écrits que dans le but de dénigrer Cuba et les Cubains. Aussi nos philanthropes intéressés, pour les besoins de leurs déductions autonomistes, à voir dans la lutte cubaine une guerre civile et non une guerre d'indépendance, se trouvent-ils engagés dans une impasse et perdus dans les contradictions les plus étranges. En hommes de bonne foi, ils me sauront gré, j'en suis certain, de citer les suivantes :

M Joseph Cooper, un des secrétaires de la Société abolitioniste anglaise, est l'auteur d'un beau livre : *Un continent perdu*, que M. Laboulaye a honoré d'une préface. Tout en défendant la cause des noirs, M. Cooper s'évertue à se persuader à lui-même et à persuader aux autres que « le peuple d'Espagne est unanime en faveur de l'abolition » (1); que « le peuple entier en Espagne se montre impatient de voir la fin de l'esclavage (2) ».

Et il oublie que l'esclavage est maintenu à Cuba malgré les Cubains et malgré les traités existant entre l'Espagne et l'Angleterre (3).

Il oublie qu'il a dit lui-même : « Quand les peuples veulent sérieusement quelque chose, les gouvernements agissent. A moins d'être soutenu par une opinion publique saine et vigoureuse, le gouvernement ne fait rien et ne peut rien faire (4). » Et en effet le gouvernement n'a rien fait et le peuple espagnol ne veut rien moins que l'abolition de l'esclavage à Cuba.

« La loi relative à Porto-Rico n'aurait pas elle-même été menée à

(1) *Un Continent perdu*. Hachette et Cⁱᵉ, Paris, 1870, page 93.
(2) *Ibid.*, page 91.
(3) Dès 1815, les plénipotentiaires assemblés au Congrès de Vienne flétrissaient la traite « en proclamant, au nom de leurs souverains, le vœu de mettre un terme à *un fléau qui a si longtemps désolé l'Afrique, dégradé l'Europe et affligé l'humanité* ».

C'est par erreur que M. Laboulaye, dans la préface du livre de M. Cooper, page 2, attribue cette déclaration au Congrès de Vérone (1822), qui, du reste, donna son adhésion complète aux décisions de 1815.

Le 23 septembre 1817, les plénipotentiaires H. Wellesley pour l'Angleterre et José Pizarro pour l'Espagne signèrent un traité qui commence par ces mots : « Au nom de la Très-Sainte Trinité... » et par lequel l'Angleterre achetait à l'Espagne, pour 400,000 liv. sterling, la promesse — qu'elle n'a jamais tenue — de renoncer à la traite des nègres.

(4) *Un Continent perdu*, page 3.

bonne fin, dit encore M. Cooper, se mettant de nouveau en contradiction avec lui-même, sans l'intervention du gouvernement américain et de son infatigable représentant à Madrid, le général Sickles (1). » J'ajoute que M. Cooper oublie encore les efforts faits par les créoles, riches propriétaires de Porto-Rico, qui, malgré leurs fréquentes tentatives, déjouées par la résistance de la métropole, demandèrent en 1866 au gouvernement de Madrid et ont continué depuis à réclamer aux Cortès monarchiques ou républicaines « l'abolition immédiate de l'esclavage, *même sans indemnité.* » Le livre de M. P. Valiente (2), où se trouvent ces discussions intéressantes, est pourtant connu de M. Cooper, qui le cite dans *Un continent perdu* (3).

Ces contradictions sont surprenantes. Ce qui suit l'est encore davantage.

Un certain Gallenga est envoyé à Cuba par le directeur du *Times*. Il est recommandé au riche planteur Zulueta, aujourd'hui marquis de Alava et beau-père du ministre Romero Robledo. Ce Gallenga trouve que Zulueta *le négrier* (4), à qui il doit sans doute ses renseignements sur la colonie, est presque « le père des hommes et des dieux ». Il le dit : born King of men (né roi des hommes), et il soutient que les noirs africains sont seuls capables de faire du sucre à Cuba, ce qui est une manière indirecte de faire reconnaître la nécessité de l'esclavage.

Or, voici ce que c'est que Gallenga :

« Fini per convincermi, dit de lui Mazzini, che egli era uno di quegli esseri, le cui determinazioni stanno tra la propria coscienza e Dio, e che la Providenza caccia, da Armodio in poi, di tempo in tempo sulla terra per insegnare ai despoti che sta in mano di un uomo solo il termine della loro potenza (5) ».

Cet être, dont la résolution n'avait d'autres guides que Dieu et sa conscience, et que la Providence plaçait sur la terre pour enseigner aux despotes que le terme de leur puissance est souvent dans la main d'un seul homme, cet être s'était présenté à Mazzini pour lui offrir... quoi? — de poignarder le roi de Piémont Charles-Albert.

Mazzini chercha à dissuader ce furieux en lui représentant « tutto ciò che poteva smoverlo ». Ce fut en vain. Le chef de la *Jeune Italie* lui mit un billet de mille francs dans les mains et l'oublia. Ce simple billet suffit pour apaiser ses étranges ardeurs. Mais le conspirateur devint plus tard correspondant italien du *Times*, fut député ministé-

(1) *Loco citato*, page 92.
(2) *Réformes dans les îles de Cuba et de Porto-Rico*, avec préface par Ed. Laboulaye, Paris, A. Chaix et C°, 1869.
(3) Page 87.
(4) Le *Report from the Select Committee on Slave-trade treaties* (ordered by the House of Commons to be printed, August 1853) qualifia Zulueta de *notorious slave dealer* (marchand d'esclaves reconnu ou négrier).
(5) *Histoire des Conspirations mazziniennes*, par Ermenegildo Simoni. Paris, rue Suger, 20, 1869, pages 43 et suivantes.

riel, après avoir été repoussé avec indignation par la gauche, et décoré par Charles-Albert de la croix de Saint Maurice et Lazare. Malheureusement pour lui, il s'avisa d'écrire en anglais une histoire d'Italie où il osait calomnier Mazzini et racontait les aventures de l'assassin, sans omettre aucun détail, aucun, si ce n'est son nom, qu'il remplaçait par celui de Mariotti. Le chef des patriotes, le général J. Avezzana, lui jeta un jour ce nom à la face, en plein parlement. Forcé d'abandonner son siége de député, obligé de déposer les insignes de sa décoration entre les mains de Victor-Emmanuel, Gallenga — pendant que Mazzini le regarde du haut du Capitole — a-t-il conservé son poste au *Times* comme correspondant cubain, après en avoir été le correspondant italien ? — Il faut avouer que c'est au moins vraisemblable. Et pourtant ses écrits sont fort recommandés par l'honorable secrétaire, M. Ed. Sturge.

C'est donc un Gallenga qui écrit sur Cuba pour le public anglais, un Gallenga qui forme à Londres l'opinion des philanthropes, un Gallenga qui pèse, par eux, sur les décisions du gouvernement abolitioniste de Sa Majesté Britannique ; et l'honorable secrétaire, M. Ed. Sturge, le loyal sujet de la reine Victoria, l'homme de paix, l'ami des noirs, se trouve, le front haut, entre Zulueta le négrier et Gallenga le régicide, suppliant le peuple anglais de conserver à l'Espagne l'héroïque Antille et de prêter son rude marteau pour river les chaînes de l'esclavage.

Je demande si l'auteur du CHAPITRE III n'a pas eu raison de prendre la défense de son pays et du peuple anglais à la fois contre les membres de l'association philanthropique et de démontrer que si, dans les autres colonies, ce sont les gouvernements éclairés des métropoles qui ont imposé aux colons l'abolition de l'esclavage, dans les colonies espagnoles, au contraire, ce sont les créoles qui ont pris, contre leur gouvernement, la défense de la trop malheureuse race africaine, ouvrant les bras aux noirs, que la constitution cubaine (1) a élevés sans hésiter au rang de citoyens.

Mais d'où viennent les contradictions de nos philanthropes ? — Dieu me garde de suspecter la bonne foi de ces hommes de bien appartenant à *la secte fanatique des humanitaires* qui *transeunt benefaciendo* (2) ; mais ne faut-il point les prévenir, si on les voit sur le point de corrompre l'opinion publique, qu'ils vont s'abreuver à des sources dont la pureté est contestable ? M. J. Cooper, par exemple, qui connaît si bien l'important ouvrage de l'ancien consul anglais à la Havane, M. Turnbull (3), aime à citer le capitaine Townshend (4). Croit-il que la relation du capitaine mérite toute la confiance d'un sérieux philanthrope ? Brille-t-elle par l'esprit, par l'imagination et surtout par la vérité ? Il ne serait que trop facile d'y signaler des erreurs grossières.

Dans tout cela pourtant le mal ne serait pas grand si le gouverne-

---

(1) Art. XXIV. Tous les habitants de la république de Cuba sont *absolument libres.*
(2) *Loco citato,* préface de Laboulaye.
(3) *Cuba, with notices of Porto Rico and the Slave-trade.* London, 1810.
(4) *La vie sauvage en Floride et une visite à Cuba.*

ment anglais ne prêtait parfois l'oreille aux suggestions des abolitionistes, dont personne certes n'a le droit d'accuser les intentions très-
pures. Il a donc bien fallu dire que MM. Cooper et Sturge ont tort
de préférer Townshend à Turnbull et Gallenga à Humboldt, et que, en
consultant avec soin les archives de leur Société ils acquerront la
conviction du mal qu'ils feraient en mettant l'autonomie à l'espagnole, dans laquelle se réfugient en dernier ressort les ennemis de
Cuba, au-dessus de l'indépendance, seule solution possible de la guerre
cubaine (1).

La presse et le public anglais sont donc trompés, et il faut bien
reconnaître — pour cette fois du moins — que la presse et le public
français sont mieux renseignés, et que le peuple de Paris aujour-
d'hui serait plus apte que celui de Londres à juger la question cubaine. Je ne parle pas, bien entendu, de certaines lettres autonomistes
égarées dans le *Temps*. Elles ont eu cet avantage qu'elles nous ont
valu les belles et intéressantes correspondances du journal, écrites à
Cuba. Je ne parle pas non plus d'un article des *Débats* (février 1876)
trop complaisamment accepté, et dont l'auteur anonyme n'avait
d'autre but que de le faire reproduire à la Havane, en abusant de
l'autorité et de l'honorabilité du journal parisien. Hors cela, la presse
de Paris — *le Siècle, le Bien public, le Temps, les Débats, la République française, l'Événement, les Droits de l'homme, le National, le
XIXᵉ Siècle*, etc., — entre, ce semble, de plain-pied dans la question
et comprend qu'il y aura guerre aux Antilles espagnoles tant que
l'Espagne voudra y être la dominatrice.

Cuba suit aujourd'hui l'exemple de la République dominicaine, qui
avait essayé, en 1861, de rentrer dans le giron de la métropole. Je
ne puis omettre un fait qui donne bien l'idée de la domination écra-
sante de l'Espagne sur ses colonies :

La République dominicaine avait avant l'annexion (1860) un budget de deux cent cinquante mille piastres (1,250,000 francs). Elle eut
l'idée d'accepter *la protection* de l'Espagne et, dès la première année
(1861-1862), son budget s'éleva à quatre millions cinq cent mille piastres (22,500,000 francs). Aussi ne put-elle y tenir et l'Espagne fut
chassée quatre ans après.

Ceux qui sont bien informés de ces questions ne manqueront pas
de s'intéresser au sort d'un peuple mûr pour la liberté et par conséquent
digne de l'indépendance ; car ils savent qu'aux efforts que ce peuple
a faits pour réaliser chez lui les progrès de la civilisation européenne, on ne peut comparer qu'une seule chose : ses souffrances !

Dʳ R. E. BÉTANCÈS.

Paris, 4 juillet 1876.

(1) Voyez la note A.

Chapitre III

ESCLAVAGE

ET

TRAFIC DES ESCLAVES

C'est à juste titre que l'Angleterre s'enorgueillit d'avoir, la première parmi les nations de l'Europe, entrepris la rude tâche de supprimer le trafic des esclaves africains et d'abolir l'esclavage au nouveau monde. Pour l'accomplissement d'une œuvre aussi méritoire, elle a incontestablement fait de courageux efforts et s'est imposé des sacrifices coûteux, sans que des considérations d'aucune sorte aient pu l'arrêter.

Pour ne parler que de l'Espagne et sans compter d'autres démarches faites en divers pays, il faut dire qu'après sept années d'une persévérance infatigable à la cour de Madrid, l'Angleterre finit par obtenir l'adhésion écrite d'un plénipotentiaire espagnol qui, en février 1815, reconnaissait, au congrès de Vienne, que ce trafic était *inhumain et immoral* et signait la déclaration qui le flétrissait comme *un fléau qui avait trop longtemps désolé l'Afrique, dégradé l'Europe et affligé l'humanité. Il avouait en outre que, chez tous les peuples civilisés, l'opinion publique en réclamait à hauts cris la prompte suppression* (1).

(1) Voyez les Chapitres I et II de la troisième partie de *SOME ACCOUNT OF THE TRADE IN SLAVES FROM AMERICA*, as connected with Europe and America, by James Bandinel esquire, London: Longman, Brown et C°, 1842.

Voyez aussi : « *A Complete Collection of the treaties and conventions at present subsisting between Great-Britain and Foreign powers; so far as they relate to the repression and abolition of the slave-trade, compiled from authentic documents, by Lewis Hertslet esq., librarian and Keeper of the papers, Foreign office. London, 1820.*

En septembre 1817, le gouvernement anglais acheta, au prix de quatre cent mille livres sterling, le consentement de Ferdinand VII au traité prohibitif de la traite (1). Depuis lors, jusqu'à ces derniers temps, il a constamment payé des *Commissions mixtes*, et il a dépensé des sommes considérables à l'entretien de nombreuses croisières sur les côtes de l'Afrique et dans les mers des Antilles. Il a épuisé toutes les ressources de la persuasion pour amener les gouvernants espagnols à l'observation des traités; mais toujours en pure perte. La traite était encore florissante il y a à peine sept ans, malgré les traités, les croisières et les *commissaires* et elle s'exercerait même aujourd'hui, si Cuba ne s'était pas déclarée, en octobre 1868, en pleine rébellion contre l'Espagne.

Ce fait seul serait suffisant, s'il était connu en Angleterre, pour réveiller envers la révolution cubaine les sympathies des gens éclairés de la nation. Mais sur ce point comme sur presque tous ceux qui se rapportent à Cuba, l'Angleterre ignore la vérité; et ce n'est point là ce qu'il y a de pire. Le peuple, en outre, y est sujet à des erreurs grossières. Malheureusement ces erreurs se retrouvent même chez des personnes que leur devoir semblerait obliger à se mettre au courant de tout ce qui a trait à l'esclavage et au trafic des esclaves.

Il y a deux ans le *London Times* publia une série de lettres sur Cuba. En même temps il fit paraître divers articles de fond basés sur les nouvelles inexactes que « son correspondant spécial » lui avait communiquées. Ces articles étaient écrits avec une habileté remarquable, mais ils fourmillaient d'appréciations fausses sur l'importante question de l'existence de l'esclavage aux Antilles et sur les opinions des naturels de *Cuba* en cette matière.

Ce serait présomptueux et impertinent, chez des Cubains, de prétendre que des rédacteurs de journaux anglais de l'importance du *Times* négligeassent les questions du plus palpitant intérêt pour les lecteurs, afin de se livrer à l'étude compliquée et ennuyeuse des affaires privées d'une colonie espagnole. Le directeur du *Times* n'était pas tenu de faire plus qu'il n'a fait en envoyant un correspondant spécial chargé de *rechercher par lui même la vérité sur les événements de Cuba.*

(1) Hertslet's Treaties. — Vol. II, pp. 273, 370 et 380.
Papers presented to Parliament. — April 1810, pp. 4 et 5.
Papers presented to Parliament. — April 1815, p. 80.

Si l'homme envoyé pour vérifier ce qu'il y avait de certain n'a pas rempli son devoir, c'est sa faute, et l'auteur des articles de fond n'est pas responsable si, dans ses écrits, la vérité sur les choses et les événements se trouve complétement travestie.

Il serait injuste d'attaquer des journalistes sur des erreurs aussi excusables; mais on ne peut en dire autant des hommes qui sont à la tête de la société abolitioniste britannique et étrangère.

La nature même de leurs travaux leur impose en effet l'obligation sacrée de connaître à fond tout ce qui touche l'objet exclusif de l'œuvre dont l'association qu'ils dirigent s'est chargée. Au moins ne doivent-ils rien ignorer de ce qui se trouve imprimé dans leur *Anti-Slavery Reporter* (1), rien oublier de ce qui est inscrit dans les *Slave-trade papers* (2) présentés au parlement par le gouvernement de la Grande-Bretagne. Et s'ils l'ignorent, ils devraient prendre la peine de l'apprendre, avant de donner, surtout par la voie de la presse, leur avis sur la matière. Ils s'exposent en effet à induire en erreur le public qui, naturellement, doit leur supposer la connaissance parfaite de la question qu'ils traitent.

Cependant, à la date du 17 mars et du 8 avril 1873, on a vu paraître dans les colonnes du *Times*, et sous la signature d'un secrétaire de la société abolitioniste deux lettres qui démontrent combien leur auteur est peu au courant de ce qui concerne l'esclavage à l'île de Cuba. Cela ressort principalement de la première de ces deux lettres, où il est dit : *j'ai lu avec le plus grand intérêt le résumé complet que vous donnez de la situation politique et sociale de l'île de Cuba, et de ses rapports présents et passés avec la métropole.*

Déjà à cette époque le *Times* avait publié diverses correspondances de la Havane longuement commentées dans des articles de fond, dont le nombre total est de dix-neuf ou vingt. Malgré les erreurs manifestes qui s'y trouvent sur tout ce qui regarde *l'abolition et l'esclavage*, le secrétaire de la société abolitioniste n'est jamais revenu sur sa première assertion. Il est donc naturel de supposer qu'il persiste dans l'opinion qu'il a tout d'abord exprimée.

Heureusement il est très-facile de démontrer que le résumé aussi complet que judicieux (able and exhaustive summing up), très-habilement fait, sans aucun doute, est en somme bien plus trompeur que véridique. Les preuves de cette fausse

(1) Rapporteur anti-esclavagiste.
(2) Documents sur le trafic des esclaves.

vaieur sont à la portée de tous. Elles sont tellement abondantes que, loin d'avoir la moindre peine à les trouver, on résiste difficilement à la tentation de les accumuler au delà des besoins de la cause. Point n'est besoin de traverser l'Atlantique ni d'aller jusqu'à Cuba pour les fournir. La plus médiocre des bibliothèques, des livres de lecture journalière, des écrits en grand nombre imprimés pour les membres du parlement britannique fournissent une telle somme de renseignements et de documents authentiques qu'on y trouve matière à remplir un grand in-folio. Sans sortir du secrétariat de la société abolitioniste britannique et étrangère, sans étendre les recherches au delà de la collection de son *Anti-Slavery Reporter*, quiconque voudra savoir ce qui en est, y trouvera à pleines mains des témoignages dignes de foi et plus que suffisants pour prouver jusqu'à l'évidence que l'opinion, jugée si satisfaisante par un des secrétaires de cette société, est de tous points contraire à la vérité.

Voici, en ce qui regarde particulièrement l'esclavage et le trafic des esclaves, les assertions les plus importantes de « l'able and exhaustive summing up » qui avait été publié dans le *Times* avant le 17 mars.

Les Cubains (Cubans born) s'opposent de cœur et d'âme à l'abolition de l'esclavage. Non-seulement ils envisagent avec terreur la possibilité de l'émancipation des noirs, mais encore ils regrettent les années de 1815 à 1845 où, malgré les traités, la traite florissante faisait pénétrer annuellement dans l'île, pour le moins douze ou quinze mille sauvages de l'Afrique.

Les nègres africains pur sang sont seuls capables de supporter les travaux de l'agriculture cubaine, en particulier ceux de la culture de la canne à sucre.

Les blancs, surtout les Espagnols, sont incapables d'exécuter la même quantité ou la même espèce de travail que les noirs. Les *créoles*, c'est-à-dire ceux qui sont nés à Cuba, perdent, de génération en génération, non-seulement en stature, mais encore en forces, en courage et en énergie ; car tous ceux qui naissent et se développent dans l'île, à moins d'être nègres de race pure africaine, deviennent inutiles pour les travaux des champs. Il n'y a guère que les hommes venant d'Espagne ou de la Chine, qui puissent s'employer à l'agriculture avec autant de profit que les noirs. Leurs fils, s'ils naissent à Cuba, ne sont plus propres à rien et l'on doit espérer bien peu des mulâtres et autres métis, car ils ne peuvent s'adonner à de rudes labeurs et perdent jusqu'à la faculté de propager leur espèce.

Ce que veulent les planteurs cubains et ce qu'ils réclament depuis bon nombre d'années, c'est qu'il arrive des nègres d'Afrique. Le parti révolutionnaire affecte pour cette grande institution une répugnance qu'il n'a pas ; et comme les révolutionnaires n'ont rien à perdre, ils peuvent, à peu de frais, déclamer contre la cupidité et l'avarice des *négriers*. Les insurgés ne se préoccupent nullement de l'abolition. Le sentiment hostile à l'abolition a une grande force à Cuba, et l'on y répète avec véhémence les arguments déjà employés chez d'autres peuples pour s'opposer à la liberté des noirs. Tous ces arguments peuvent se résumer en un seul : l'abolition serait la ruine de l'île. Les planteurs cubains ne voient dans l'émancipation que leur propre ruine, celle de leurs familles, de leur race et de leur pays.

Tout ce fatras, où l'on ne trouve pas un seul mot de vrai, peut se résumer en trois propositions :

1. Les Cubains en général ont toujours été et sont encore partisans du trafic des esclaves et de l'esclavage et adversaires de l'abolition.

2. Ceux qui sont en rébellion contre la souveraineté de l'Espagne affectent le désir d'affranchir les esclaves ; mais ils n'y songent même pas, et s'ils déclament contre l'esclavage, c'est uniquement parce qu'ils n'ont rien à perdre.

3. Les noirs seuls sont capables de faire du sucre et de labourer les champs à Cuba ; car la race blanche pure ou mélangée dégénère dans l'île jusqu'au point de devenir complétement impropre aux travaux agricoles.

Le témoignage d'un correspondant du *Times* peut être fort respectable. A titre d'ami d'un ami de don Julian Zulueta, il a pu avoir à se louer de l'hospitalité de ce négrier si connu (1) ; mais l'opinion de M. James Bandinel, qui, pendant de longues années, a été chargé du département du « trafic des esclaves » au ministère d'État de la Grande-Bretagne, n'est

(1) Le « *Report from the select Committee on slave-trade treaties* » (ordered by the House of Commons to be printed, August 1853) traita Zulueta de *notorious slave dealer* (marchand d'esclaves reconnu). Le signor Gallenga dit, dans sa « Perle des Antilles », qu'en allant à la Havane comme correspondant spécial du « *Times* », il portait des lettres de recommandation pour Zulueta, et qu'à titre d'ami d'un ami (*as a friend's friend*) il lui demanda l'hospitalité ; mais loin de l'appeler *négrier*, il le traite de *horn king of men* « C'est presque le père des dieux et des hommes », et ajoute que c'est un autre Cosme de Médicis III.. Voyez *The Pearl of the Antillas*, by A. Gallenga. London, Chapmann and Hall, 1873, pages 91, 100, 101.

pas à dédaigner. L'autorité de ce gentleman en cette matière est irrécusable, et il ne peut être suspect d'avoir trahi
la vérité par un intérêt quelconque. Or, en 1842, il publiait
à Londres que « même à Cuba, on élevait la voix contre le
trafic des noirs et le travail esclave en même temps qu'en faveur de l'humanité et du travail libre. A la vérité, ajoutait-il,
les *négriers*, les négociants et le gouvernement favorisent *la
traite*, parce qu'ils y trouvent leur profit ; mais les planteurs
lui sont hostiles... Tous les créoles sont ennemis de *la traite*,
et le parti libéral, formé par une partie très-considérable des
classes élevées de la société blanche, se montre résolûment
contraire à ce trafic. Le rapport (en 1841) entre les gens de
couleur et les blancs est de 3 à 2 ; entre la totalité des hommes
libres (blancs et de couleur) et les esclaves, il est de 6 à 5 ;
et de 1 à 3, parmi les gens de couleur, entre les hommes
libres et les esclaves. Les créoles jettent les hauts cris contre
la traite... ils encouragent le travail des bras libres, et l'opposition au trafic des esclaves prend chaque jour dans l'île
une nouvelle consistance (1). »

Et encore M. Bandinel n'est-il pas le premier Anglais qui,
parmi les hommes instruits en pareille matière, ait émis
publiquement cette opinoin. Dès 1824, M. Kilbee, membre de
la commission mixte de la Havane, en avait fait autant dans
ses rapports adressés à M. Canning (2).

L'année qui suivit la publication du livre de M. Bandinel,
parut un rapport envoyé par les commissaires Kennedy,
Campbell et Dalrymple à lord Aberdeen. Il portait la date du
19 décembre 1842, à la Havane, et déclarait de la manière la
plus affirmative que *les Espagnols* patronaient le trafic des esclaves et que *les planteurs cubains* refusaient de l'encourager (3).
Quiconque voudra se renseigner dans les *Slave-Trade Papers*
(documents sur la traite) présentés au parlement à partir
de cette époque, trouvera à chaque instant, sans difficulté, des
déclarations du même genre.

Ce qu'il y a de vrai, c'est que la race blanche ne dégénère
pas à Cuba. Les blancs peuvent se livrer et se livrent en effet

(1) *Some account of the trade in slaves from Africa*, by James Bandinel Esq.— London, 1812, pages 288, 289 et 290.
(2) *Papers on slave trade*, presented to l'arliament, by Her
Majesty's Command, Session of 1825. Class A.
Anti-Slavery Reporter. — Vol. II, 1828.
(3) « *Correspondence with the british commissioners relating to the
slave-trade.* » London, 1843, Class A, pp. 93 et 94.

dans l'île aux travaux agricoles, dans lesquels ils déploient autant de force et plus d'aptitude que les noirs. Les Cubains ne sont pas en général et n'ont jamais été partisans de l'esclavage et moins encore du trafic des esclaves. Les planteurs cubains ont fait de tout temps des efforts infructueux pour obtenir du gouvernement espagnol qu'il mît un terme à l'importation des nègres d'Afrique et qu'il permît l'immigration libre des travailleurs blancs ; mais le gouvernement espagnol ne s'est pas contenté de protéger la traite, il a poursuivi sans pitié tous les Cubains qui ont osé élever la voix contre cette infamie. Une des causes principales du soulèvement des Cubains contre la domination de l'Espagne, c'est leur aversion pour l'esclavage et le trafic des noirs. Les insurgés ont tellement à cœur l'abolition de l'esclavage que, le jour même où ils levèrent l'étendard de la révolte (10 octobre 1868), ils déclarèrent que leur but était de rendre la liberté aux esclaves ; et lorsqu'ils adoptèrent la forme du gouvernement républicain, et qu'ils promulguèrent leur constitution (10 avril 1869), ils établirent que tous les habitants de la république cubaine seraient absolument libres (1).

Tout cela est consigné dans des ouvrages et des documents qu'on trouve aisément à Londres. Il n'y a point d'excuse pour l'homme qui, sans les consulter, adresse au public des écrits et émet une opinion sur les affaires relatives à l'esclavage et au commerce des esclaves. Il est certain, il faut le croire, que si le secrétaire de la société abolitioniste britannique et étrangère avait pris la peine de faire des recherches dans ces documents et dans ces livres avant d'adresser ses articles au *Times*, il aurait vu que les Cubains s'étaient déclarés les ennemis de l'esclavage bien longtemps avant (1829) que des journaux anglais fort estimés en Angleterre eussent cessé d'en être les défenseurs.

Dans l'*Anti-Slavery Reporter*, publié par la société abolitioniste britannique et étrangère, p. 163, tome II, 3e série, correspondante à l'année 1854, il est fait mention de représentations adressées par les planteurs cubains au roi d'Espagne (2), en 1799, dans le but d'obtenir quelques réformes favorables à la condition des esclaves et des franchises pour augmenter

(1) Art. XXIV de la constitution cubaine.
(2) Voir l'*« Essai politique sur l'île de Cuba »*, par A. de Humboldt, Paris, 1826, vol. I, de la page 323 à la page 331. Voyez aussi le *« Rapport sur les noirs fugitifs »*, par don Fco de Arango (Havane, 1796) et le *« Règlement pour les noirs marrons »*, (Havane, 1796).

le nombre des travailleurs libres. On cite même les noms
de ceux qui signèrent des pétitions du même genre, en 1811,
afin de démontrer que tous étaient des *planteurs*, chefs d'opu-
lentes familles cubaines et de haute position sociale à cette
époque (1).

Humboldt, dont les écrits remontent à plus de cinquante
ans, cite, dans son *Essai politique*, la représentation faite au
roi d'Espagne par les Havanais, le 10 juillet 1790, et s'exprime ainsi : « Les autorités locales, ou pour mieux dire, les
riches propriétaires qui composent la Municipalité de la Havane, le Consulat et la Société patriotique ont, à diverses
reprises, manifesté leurs bonnes intentions d'améliorer la
condition des esclaves. Si le gouvernement espagnol, au lieu
de s'effrayer des moindres apparences d'innovation, avait
su tirer parti de ces circonstances favorables et de l'influence
de quelques hommes de talent sur leurs compatriotes, l'état
de la société cubaine se serait modifié dans le sens du progrès, et les habitants de l'île jouiraient aujourd'hui d'un certain nombre d'améliorations qui étaient déjà discutées par
eux il y a plus de trente ans (2). »

Humboldt cite aussi *le Rapport* du 9 juin 1796, rédigé par
don Francisco de Arango, sur les nègres marrons, et il en copie
divers passages, démontrant jusqu'à l'évidence la différence
remarquable qu'il y a toujours eu entre Cuba et les colonies
anglaises des Antilles. « Les dispositions humanitaires de
notre législation, dit Arango, donnent à l'esclave des consolations qui adoucissent ses malheurs et que la politique des
étrangers leur a toujours refusées. Ces consolations se
trouvent dans : 1° le droit de chercher un maître moins sé-
vère ; 2° la faculté de se marier suivant son inclination ;
3° la possibilité de racheter sa liberté du fruit de son épargne

(1) *Représentation* faite, au nom de la Municipalité, du Consulat et
de la Société patriotique de la Havane, par le Major-Lieutenant de
la Cité en 1811. — La Municipalité de la Havane adopta cette représentation le 16 août 1811 et la fit imprimer, certifiée par le notaire
Juan de Dios Ayala. Elle fut rédigée par don Francisco de Arango
et signée, entre autres, par le comte de Loreto (don Gabriel de
Peñalver), le comte de Montalvo (don Ignacio Montalvo), le marquis
de Cardenas (don Antonio de Cardenas), le comte de Bayonne (don
José M. Chacon), don Joaquim et don Gonzalo de Herrera, don José
Melchior Valdès, don José M. Xenes, don Luis Caballero, don Nicolas
Arrate de Peralta, etc, etc...

(2) Alexandre Humboldt. — *Essai politique sur l'île de Cuba.* —
Paris, 1826. — vol. I, p. 323.

ou de l'obtenir en récompense de ses bons services; 4° le droit
d'avoir un pécule et de s'en servir en faveur de la liberté de
sa femme et de ses enfants. Et cependant, malgré la sagesse
et la douceur de notre législation, à combien d'abus l'esclave
ne demeure-t-il pas exposé! » On voit donc que ni l'auteur
du rapport ni ses adhérents, les planteurs cubains, ne trouvaient dans cette protection légale une garantie suffisante
pour adoucir les horreurs de l'esclavage. Ils réclamaient dès
lors des lois assurant aux esclaves une protection plus efficace,
pendant que la législation des Antilles britanniques leur niait
les droits appartenant à tous les êtres raisonnables (1). Aussi
ne faut-il point s'étonner que l'abolition de l'esclavage dans
les colonies anglaises ait été l'œuvre, fort combattue par les
colons, du gouvernement britannique, tandis qu'à Cuba son existence est due encore aujourd'hui au gouvernement espagnol,
qui l'y maintient contre la volonté la plus formelle des créoles.

Mais il y a un autre document fort connu, dont fait mention l'*Anti-Slavery Reporter* de 1854, et dans lequel on voit clairement la répulsion qu'a toujours inspirée aux Cubains, non-
seulement le trafic des esclaves, mais même l'esclavage établi.
C'est une représentation adressée au roi d'Espagne, par la
ville de la Havane, le 20 juillet 1811, et imprimée à Madrid
par Répullès en 1814. On y trouve les passages suivants, dignes
d'être reproduits, parce qu'ils donnent le plus formel démenti
au correspondant *spécial* du *Times* : « Arracher de leur pays
les malheureux nègres, pour les tenir ici en esclavage, ce

(1) Pour se faire une idée de ce qu'était l'esclavage dans les colonies anglaises en 1805, il suffit de lire une brochure en 86 pages
publiée cette même année, à Londres, sous ce titre : *The horrors
of the negro-slavery existing in our West Indian Islands*, irrefragably
demonstrated from official documents recently presented to the House
of Commons. Dans cette brochure, on parle, sans la citer, d'une loi
de Barbade, — Act 329, par. XXII, — d'après laquelle un maître qui,
en châtiant son esclave, le tue ou le mutile, ne doit pas être frappé
d'amende; « mais si un homme, par pur caprice ou par le simple
désir de verser du sang, ou rien que par cruauté, tue volontairement
un nègre esclave, il payera, pour cela, une amende de quinze livres. »
La *Revue* d'Édimbourg (n° XIII, p. 215) dit de cette loi : « Thus we
see that the fine was considered as something extraordinary and
severe, requiring to be fenced with much care. The legislature of
Bermuda passed a law, expressly after the sample of this, unless the
penalty is only ten pounds currency, and is introduced as an exception
to the general exactment. » — Voyez aussi les lois de Barbade et de
Bermude et le Rapport de la Commission du Parlement de 1789.

n'est point l'œuvre des particuliers, mais des souverains, qui nous ont imposé cette institution », page 8 ; — « l'esclavage, qui malheureusement existe dans ce pays », page 15 ; — « nous ne nous fatiguerons pas de répéter que les noirs sont venus et qu'ils sont ici non par notre faute, mais grâce à la violence de ceux qui ouvrirent et aplanirent cette voie avec l'arme de la loi », page 43 ; — « nous passons sous silence des raisons qui ne sont plus discutées chez les peuples civilisés. Tel est cet axiome : Sans nègres esclaves, point de colonies. Et nous, nous soutenons contre cette opinion que, *sans esclavage et même sans nègres, il peut y avoir ce qu'on entend par colonies* », page 79.

Il est curieux de voir les planteurs cubains de 1811 s'exprimer ainsi, et de trouver dix-huit ans après, en 1829, des publications anglaises telles que la *Blackwood Review*, la *Quarterly Review*, *John Bull*, le *Morning Journal* et d'autres journaux accrédités de Londres, défendant l'esclavage et soutenant que sans nègres esclaves on ne pouvait pas faire du sucre aux Antilles (1). Et cependant, déjà à cette époque, pour dissiper l'erreur, M. Canning avait publié une communication de M. Kilbee (Havane, 9 octobre 1824) et une autre de M. Ward (Mexique, 13 mars 1826), qui toutes deux essayent justement de prouver le contraire (2).

Dans le numéro 97 de l'*Anti-Slavery Reporter*, du mois de juin 1832, se trouve imprimée la déclaration de l'honorable vice-amiral Charles Fleming, devant une commission spéciale de la Chambre des communes, qui confirme tout ce qui vient d'être exposé. Le vice-amiral Fleming ne s'était pas contenté de fréquenter la meilleure société de la Havane, il avait en outre voyagé dans l'intérieur de l'île de Cuba, et

(1) Voir le nº 45 de l'*Anti-Slavery Reporter*, correspondant à février 1829.

(2) *Papers on slave-trade*, presented to Parliament in 1826. L'*Anti-Slavery Reporter* (août 1829) a reproduit intégralement la communication citée de M. Ward, et en novembre 1854 il a fait mention d'une autre publication qui peut lui servir de preuve à l'appui. C'est une lettre écrite par le Havanais don José del Cristo à don Francisco de Arango. Dans cette lettre, Cristo parle d'une plantation de cannes à sucre qu'il possédait au Mexique, appelée San Nicolas de Tolentino. Cette plantation avait été cultivée par des nègres esclaves jusqu'en 1808. Cristo l'acheta à cette époque, donna la liberté aux esclaves et n'employa plus chez lui que des travailleurs libres. Il s'en trouva si bien qu'au Mexique on croyait alors que San Nicolas de Tolentino était une des plantations les plus productives.

comme il parlait fort bien l'espagnol, il a pu rendre un compte exact de ce qu'il constatait en parfaite connaissance de cause. Il déclara qu'il avait assisté au travail des hommes libres sur des plantations de cannes; qu'il avait vu, à Cuba, des hommes blancs employés au travail des champs aussi bien que des noirs; qu'il y avait connu beaucoup de noirs et de mulâtres libres, laborieux et de bonne conduite; que les campagnards de Cuba étaient incomparablement supérieurs par leur moralité à ceux de la Jamaïque; que, contrairement aux pratiques de la colonie anglaise, les planteurs *cubains* aimaient à employer, sur leurs propriétés, les travailleurs libres; que les *négriers* à Cuba étaient des *Espagnols* et non pas des *Cubains*; que les *Cubains* s'opposaient au trafic des esclaves, et que *le gouvernement espagnol* encourageait ce trafic et maintenait l'esclavage comme moyen d'entraver l'indépendance de Cuba.

M. David Turnbull a passé de longues années à la Havane comme consul britannique. Il a fait de nombreuses excursions dans l'intérieur de l'île de Cuba, et il a vécu dans l'intimité d'un grand nombre de familles cubaines. Or, voici ce qu'il écrivait, il y a cinq ans, sur le trafic des esclaves : « J'ai eu l'occasion de m'entretenir très-longuement sur ce sujet avec un grand nombre de planteurs créoles des plus éclairés, et je ne me trompe pas — j'en ai la certitude, et j'exprime en cela leur sentiment le plus profond et le plus sincère — en déclarant que les meilleurs d'entre eux, et les plus hautement placés par leur position sociale, souhaitent la suppression immédiate, absolue, irrévocable de la traite, avec autant d'ardeur que pourrait le faire un Clarkson ou un Wilberforce (1). De plus il a résolûment affirmé que les blancs sont employés à Cuba aux travaux les plus rudes de l'agriculture; que, *le gouvernement espagnol encourageait ouvertement la traite contre la volonté des Cubains*, et que parmi ces derniers l'opinion la plus répandue, en 1838, c'était que, pour faire du sucre avec profit, on n'avait nul besoin des esclaves ni même des nègres (2).

Dans l'*Annual report of the British and Foreign Anti-Slavery*

______

(1) *Cuba with notices of Porto-Rico and the slave-trade*, by David Turnbull esqre, London, 1840, — page 170.

(2) Voir Dav. Turnbull, pages 169, 187, 258, 267, 340 et 366. Voyez aussi les « *Mémoires de la Société patriotique de la Havane* », mai 1836, nº 7, page 41, cités par Turnbull. On y voit que la Société avait proposé au concours cette question : « Peut-on

Society, for 1842; dans *The state and prospects of Jamaica, by doctor King* (London, 1850); dans le *Report of the select Committee on slave-trade treaties, presented to the House of Commons in August* 1853; et dans plusieurs autres publications, faites à Londres, et qu'il serait fastidieux d'énumérer, toutes basées sur d'irrécusables témoignages, il est démontré jusqu'à la satiété qu'il est faux, de tout point faux, que les Cubains aient jamais été partisans de la *traite.* L'*Anti-Slavery Reporter* lui-même cite, en août 1854, un mémoire présenté en 1843 au capitaine général O'Donnell, par quatre-vingt-treize planteurs cubains, réclamant de lui les mesures nécessaires à la suppression de l'importation illégale des nègres d'Afrique (1), et la *Revue d'Edimbourg* a fait mention, il y a deux ans, d'une société organisée à la Havane, en 1865, dans le but formel de supprimer définitivement le trafic illicite appelé la *traite africaine* (2).

En vérité, il paraît étrange qu'il se puisse trouver un homme, de moyenne instruction, capable de faire bon accueil au mensonge qui, en diffamant les blancs, les représente dans l'impossibilité de supporter, à Cuba, les travaux de l'agriculture, sous prétexte que la race européenne dégénère dans l'île. Non-seulement l'expérience démontre le contraire, mais il n'y a pas un seul écrivain de quelque valeur qui, traitant cette question avec une connaissance personnelle des faits, n'ait exprimé le même avis que M. Turnbull dans ses *Travels in the West (Voyages dans l'Ouest).* C'est ce qu'avaient déjà fait, avant lui, le docteur Abbott et don Jacinto de

suppléer au manque de bras esclaves dans l'établissement d'une usine pour la fabrication du sucre? » Dès le commencement de la discussion on établit comme vérité incontestable que « personne ne pouvait nier que l'ouvrage fait par un homme libre, travaillant volontairement, par intérêt propre, était égal à celui qu'auraient pu faire deux travailleurs esclaves des plus robustes, et encore qui sait s'il ne lui était pas supérieur? »

(1) Dans les *Slave-trade papers for* 1844, class B, p. 65, on trouve la traduction du mémoire à la date du 19 novembre 1843. Don Benigno Gener et don Pedro Guiteras, soupçonnés d'en être les auteurs, furent emprisonnés par ordre d'O'Donnell. Voyez, sur ces événements, *Anti-Slavery Reporter,* vol. II, Third Series, 1854, pages 162 et 182.

(2) *The Edimbourg Review,* octobre 1873, page 406.

Cette Société ne parvint jamais à se constituer officiellement, parce que le capitaine général le défendit. Voyez, sur cela, *Cuba before the United States,* New-York, 1869, page 20.

Salas (1), et ce qui a été constaté, après eux, dans un document officiel, par un des rares capitaines généraux qui aient laissé à Cuba de bons souvenirs (2).

Mais il n'est guère nécessaire de recourir à d'autres ouvrages quand on a sous la main l'*Anti-Slavery Reporter*, publié avec l'approbation (*under the sanction*) de la Société abolitioniste britannique et étrangère, dont M. Edmond Sturge est secrétaire honoraire. Il suffit de parcourir la collection de ce journal, depuis son origine, en 1826, jusqu'à ces dernières années, pour trouver, de tous côtés, quantité de preuves, non-seulement de la possibilité, pour les hommes blancs, de fabriquer du sucre aux Antilles, mais encore de la fabrication faite par eux, avec profit, à Cuba et à Porto-Rico (3). A la page 252 du volume correspondant à l'année 1854, il y a un article intitulé *Free labour versus slave labour* (Le travail libre comparé au travail esclave), dans lequel on réfute, l'un après l'autre, les arguments mis en avant par les défenseurs de l'esclavage et de la traite pour soutenir leur système. On y donne une liste détaillée de quinze plantations de Cuba, sur lesquelles il y avait alors *des travailleurs blancs occupés à labourer, à creuser des fossés, à couper du bois et à exécuter d'autres ouvrages d'agriculture bien plus pénibles à faire que d'ensemencer et de cultiver la canne ou de fabriquer du sucre.* L'article finit ainsi : *On pourrait citer beaucoup d'autres exemples semblables... et nous conseillons aux partisans du travail libre d'apprendre par cœur ce qui vient d'être exposé.* C'est là, en effet, une réfutation concluante de l'erreur consistant à croire que les hommes blancs ne peuvent pas travailler aussi bien que les noirs dans les pays tropi-

(1) *Letters written in the interior of Cuba*, between the mountains of Acana to the East, and of Cuzco to the west, in the months of February, March, April and Mai 1820. — By the late Rev. Abiel Abbott. D. D. Boston, 1829.

— *Voyages de don Jacinto de Salas et Quiroga à travers l'Ile de Cuba.* — Madrid, 1840.

(2) Voyez l'*Information du général Serrano* (le duc de la Torre) *sur les réformes dans le gouvernement de Cuba et de Porto-Rico »* insérée dans « *Cuba depuis 1850 jusqu'en 1873 ».* — Collection d'informations, mémoires, projets et antécédents sur le gouvernement de l'Ile de Cuba; et un appendice avec les *Conférences de la Junte d'information d'Outre-mer.* Madrid, 1873, page 263.

(3) En 1832, il y avait à Porto-Rico 1277 propriétés où les laboureurs libres cultivaient la canne et faisaient du sucre en quantité : pour le moins 80,000 quintaux. Voyez : *An account of the present state of Puerto-Rico*, by colonel Flinter. — London, 1834.

caux, ou, ce qui revient au même, que l'esclavage est nécessaire sous les climats chauds (1).

Affirmer que les insurgés ne montrent nul intérêt pour l'abolition de l'esclavage et que le parti cubain ne déblatère contre l'institution que parce qu'il n'a rien à perdre, c'est d'une fausseté tellement palpable que, pour le démontrer, il suffit de rappeler quelques faits bien connus.

Il est hors de doute que Carlos Manuel de Cespédès, Pedro Figueredo, Francisco Aguilera, Angel del Castillo et la plupart de ceux qui se mirent à la tête de la révolution en octobre 1868, avaient d'autant plus à perdre qu'ils occupaient une plus haute position sociale dans leur pays et qu'ils étaient les propriétaires les plus riches des départements du centre et de l'orient. Avant de lever l'étendard de la révolte, ils donnèrent la liberté à tous leurs esclaves, et, dès le premier jour de l'insurrection, ils prirent la résolution d'abolir définitivement l'esclavage dans leur patrie. Lorsque la première assemblée cubaine se réunit à Guaïmaro, en avril 1869, tous les députés présents votèrent à l'unanimité : *l'abolition absolue, définitive et immédiate de l'esclavage comme loi fondamentale de la République cubaine*, et depuis, il n'y a jamais eu des esclaves sur le territoire gardé par l'armée libératrice. Donc, quiconque faisait son adhésion à la révolution inaugurée par Cespédès se déclarait, par cela seul, partisan de l'abolition immédiate de l'esclavage. Elle vint cependant, cette adhésion, de la part des plus riches propriétaires de l'île, des banquiers et des négociants de la plus haute réputation, des avocats du plus grand mérite, des professeurs de l'Université, des directeurs des lycées et de beaucoup d'autres, dont les biens, confisqués aujourd'hui par le gouvernement espagnol, montent à quelques centaines de millions de piastres.

Tout ce qui précède est plus que suffisant pour prouver :

1° Que les hommes blancs peuvent se livrer et se sont toujours livrés, à Cuba, aux plus rudes travaux de l'agriculture, tout aussi bien et mieux que les noirs africains ;

---

(1) Tout ce qu'on pourrait dire sur cette question a été admirablement résumé par don José Antonio Saco, dans une brochure souvent citée dans l'*Anti-Slavery Reporter*, et ayant pour titre : « *La suppression du trafic d'esclaves africains dans l'île de Cuba, examinée au point de vue de son agriculture et de sa sécurité*, par don José Antonio Saco. — Paris, 1845.

La première publication de Saco contre le trafic des esclaves a paru dans la « *Revista bimestre Cubana* ». — juin 1832.

2° Que les Cubains, en général, sont et ont toujours été opposés au trafic des esclaves ;

3° Que le parti cubain, c'est-à-dire le parti qui s'est révolté contre la domination espagnole, est résolu à abolir immédiatement l'esclavage.

4° Que le parti abolitioniste comprend précisément les hommes qui ont le plus à perdre dans l'île de Cuba.

Il serait facile d'entasser encore de nombreux témoignages en faveur de notre thèse ; mais on a voulu éviter d'en citer aucun qui ne doive être très-familier aux secrétaires de la société abolitioniste britannique et étrangère.

Les lecteurs qui voudront avoir de plus amples détails sur la matière, en dehors des ouvrages et des documents déjà cités, pourront les trouver dans les publications ci-dessous désignées (1).

(1) Voyez la note *B*.

ANGLETERRE ET CUBA

(Article publié dans le n° 6 de " LA AMERICA " de New-York, le 15 juillet 1871)

D'après de récentes correspondances d'Angleterre, il paraît que le duc d'Argyll et M. Forter se préparent à faire revivre, dans les deux Chambres du Parlement anglais, la discussion, depuis longtemps oubliée, sur le trafic des esclaves entre la côte d'Afrique et l'île de Cuba. Il faut croire qu'ils présenteront des preuves de la mauvaise foi invariable du gouvernement espagnol et qu'ils recommanderont à celui de la Grande-Bretagne l'adoption de mesures coërcitives assez énergiques pour obliger le roi Amédée Ier à réparer la violation des engagements pris par Ferdinand VII.

La guerre par laquelle se décide actuellement le sort de Cuba peut donner à ces discussions un rare intérêt. Elles serviront probablement de sujet à des articles et à des correspondances de journaux. Il n'est donc pas hors de propos de rappeler à nos lecteurs quelques précédents qu'il convient de connaître pour se rendre un compte exact de toute la portée politique des points en controverse.

Les abolitionistes anglais commencèrent leurs travaux à la fin du XVIIe siècle, dirigeant d'abord leurs attaques contre le trafic des esclaves, et plaidant ensuite en faveur de l'abolition de l'esclavage. Les promoteurs de ce mouvement furent longtemps en butte à la haine et aux moqueries de leurs compatriotes, mais ils finirent par trouver un écho au sein même du Parlement. Des hommes d'État éminents, tels que Pitt et Fox, embrassèrent leur cause, sans être arrêtés par les clameurs que soulevaient contre eux, non-seulement les négociants, les propriétaires d'esclaves et la multitude d'hommes intéressés à soutenir *la traite* et l'esclavage, mais encore des membres influents de l'aristocratie britannique.

En mai 1807, *la traite* fut enfin abolie sur tous les domaines de l'Angleterre, et dès cette époque commença, de la part du gouvernement de la Grande-Bretagne, une active expression auprès de toutes les nations européennes pour les amener à imiter son exemple. Pour ce qui est du gouvernement espagnol, il le trouva sourd à ses réclamations, et à peine put-il, en 1814 (et cela à l'aide d'une offre de 800,000 livres sterling), obtenir la promesse de défendre que les Espagnols portassent des esclaves d'Afrique en dehors des possessions de l'Espagne.

Une déclaration condamnant le trafic comme « attentatoire aux principes d'humanité et de morale universelle (1) » fut adoptée au Congrès de Vienne, où figura l'Espagne, en 1815, avec l'Angleterre, l'Autriche, la France, le Portugal, la Prusse, la Russie et la Suède ; et en 1817 le gouvernement espagnol s'engagea (l'Angleterre lui payait pour cela 400,000 livres sterling) à mettre un terme immédiatement à son commerce de nègres sur la côte d'Afrique, au nord de l'équateur, et à l'abolir complétement sur tous ses domaines à partir du 30 mai 1820.

Ce fut ce traité du 23 septembre 1817 (2) qui créa les commissions mixtes et donna aux croiseurs anglais le droit de visite. Il limitait pourtant à certains cas déterminés la faculté de capturer *les négriers*, et, en décembre de la même année, Ferdinand VII promulgua un décret d'accord avec les stipulations de ce même traité.

En 1822 (3), le gouvernement espagnol signa une amplification ou éclaircissement de la convention (4), mais il ne continua pas moins à encourager le trafic, et cela sans la moindre réserve, comme s'il n'avait pris aucun engagement. Les fréquentes infractions au traité arrivèrent à un tel degré de scandale, que, en 1825 (5), M. Canning fut forcé de menacer l'Espagne, lui déclarant que, si elle n'obligeait pas ses autorités coloniales à remplir leur devoir, *elle implorerait en vain le secours de l'Angleterre pour l'aider à maintenir Cuba sous sa dépendance* (6).

Le gouverneur de la Havane à cette époque, don Francisco Dionisio Vivès, était un homme plein de sagacité. Il con-

(1) Déclarations des puissances sur l'abolition de la traite des nègres, du 8 février 1815. — *Hertslet's Treaties*, vol. I, page 8.

(2) « Traité entre la Grande-Bretagne et l'Espagne pour l'abolition du trafic des nègres, signé à Madrid le 23 septembre 1817 ». — « Article III. Sa Majesté Britannique s'oblige à payer, à Londres, le 20 février 1818, la somme de 400,000 livres sterling à la personne que Sa Majesté Catholique désignera pour les recevoir ». — *Hertslet's Treaties*, vol. II, page 276.

(3) *Hertslet's Treaties*, vol. II, page 370.

(4) *Hertslet's Treaties*, vol. II, page 380.

(5) *Papiers présentés au Parlement*, 1825, — Class B, page 16. Ibid 1826, page 9.

(6) Dépêche de M. Canning à M. Frédérick Lamb et note de M. Frédérick Lamb à don Francisco de Zea Bermudez, en avril 1825.

naissait les préparatifs que l'on faisait alors au Vénézuela et au Mexique pour envahir Cuba, et il ne comptait ni sur l'adhésion des insulaires ni sur la fidélité de la faible garnison qu'il avait à ses ordres. Le roi Ferdinand et ses ministres ne l'ignoraient pas. Vivès, en écrivant à la cour, avait dépeint fidèlement la situation de la colonie. La menace de Canning, transmise en ces circonstances à Zea Bermudez par l'ambassadeur anglais, M. Lamb, donna lieu à un ordre royal de janvier 1826 (1), qui aurait mis un terme au traite prohibé, si l'ordre avait été exécuté. Mais toute crainte se dissipa bientôt et avec elle disparurent les bonnes intentions.

Les États-Unis offrirent l'assistance que l'Angleterre paraissait prête à refuser, et l'Espagne, certaine que Cuba lui appartiendrait, malgré les Anglais, les Sud-Américains et les Cubains, tant que la grande république ne se croirait pas en état de se l'approprier, poursuivit tant et plus son importation de nègres d'Afrique, aussi bien de la côte orientale que de l'occidentale, aussi bien du nord que du sud de la ligne équinoxiale. La peur évanouie emporta avec elle les scrupules. Les réclamations émues de lord Aberdeen en 1828 (2) firent aussi peu d'impression sur Ferdinand que sur ses conseillers; les énergiques représentations de lord Palmerston en 1830 (3) restèrent sans réponse, et M. Addington ne put même pas obtenir du ministre espagnol l'accusé de réception à une note, de mai 1831, demandant que les *négriers* fussent considérés comme pirates (4).

Pendant les quatre années qui suivirent, l'Angleterre ne suspendit pas un seul instant ses tentatives destinées à vaincre les longueurs proverbiales de l'Espagne. Elle voulait la réduire à donner des gages capables de la forcer, quand cela conviendrait à l'Angleterre, à accomplir les stipulations de 1817. Les prières, les plaintes, les réclamations et les menaces, tout a été employé tour à tour par l'Angleterre, et toujours de manière à tirer parti des circonstances. Cédant peu à peu à des attaques de plus en plus pressées, l'Espagne, après la mort de Ferdinand et sous le règne de Marie-Christine, finit par se voir arracher son consentement au traité de

(1) *Papiers présentés au Parlement en 1828.* — Classe A, page 111, et classe B, page 1.
(2) *Papiers présentés au Parlement en 1829.* Classe B, page 25.
(3) *Papiers présentés au Parlement en 1831.* Classe B, page 14.
(4) *Papiers présentés au Parlement en 1832.* Classe B, page 29.

1835 (1). Le commerce des esclaves fut définitivement aboli ; les pouvoirs des commandants des croiseurs et des commissions mixtes furent étendus et spécifiés ; on fixa le sort des *émancipés*, et la reine s'engagea solennellement à promulguer, *dans le terme de deux mois*, des lois pénales sévères pour châtier durement ceux qui prendraient part au *trafic inhumain*.

Deux mois, pour l'Espagne, quand il s'agit de payer une dette ou de tenir ses promesses, cela signifie *deux siècles*, et il faut croire que ces lois pénales seraient encore à faire, si l'Angleterre n'avait eu recours à des moyens énergiques pour secouer la somnolence des législateurs espagnols. Dix ans se passèrent cependant avant que le ministre-poëte, don Francisco Martinez de la Rosa, les mit au monde, en mars 1845 (2), et il faut dire que, si les lois sont sévères, elles n'ont jamais servi à autre chose qu'à « couvrir les apparences ».

Les communications qui, à cette époque, se sont croisées entre Madrid et Londres, suffisent pour former un tome de dimension passable ; et parmi elles, on en trouve parfois, comme celle de lord Aberdeen, du 31 décembre 1843 (3), qui sont capables de faire rougir un pachyderme, si tant est qu'un pachyderme puisse devenir ministre responsable de Sa Majesté Catholique.

Dans l'intervalle de temps qui s'écoula depuis la ratifi-

(1) *Hertslet's Treaties*, tom II, page 140.

(2) Au numéro 3 de l'appendice B, page 168 et 169 du *Report* présenté au Parlement en août 1853, se trouve la traduction de la « Ley Penal » du 2 mars 1845.

(3) Communication de Lord Aberdeen à M. Bulwer, le 31 décembre 1843. On la trouve complète dans le « *Report from the select committee on Slave-Trade Treaties* », présenté au Parlement en août 1855, pages 67, 68, 69 et 78. Dans une autre communication du 2 mai 1844, le même earl of Aberdeen dit : « Les gratifications que les autorités de Cuba ont reçues pendant quelques années, pour protéger la traite, sont bien connues, et on l'a fait savoir au gouvernement espagnol. Ce gouvernement ne peut pas nier les faits. Le trafic infâme existe dans toute sa vigueur. Il est manifestement encouragé et presque ouvertement soutenu par l'homme (le général don Leopoldo O'Donnell) auquel le gouvernement de Sa Majesté Catholique a confié les intérêts et l'honneur de la colonie. La violation flagrante des traités conclus avec la Grande-Bretagne, qui a lieu presque chaque jour à Cuba, les subterfuges et les faussetés en face desquels le représentant de la couronne d'Espagne place les serviteurs zélés de Sa Majesté, donnent au gouvernement anglais le droit d'exiger que des mesures efficaces soient prises pour mettre un terme à un tel état des choses. »

cation du traité de 1835 jusqu'à la promulgation des lois pénales de 1845, il se passait à Cuba des événements qui étaient liés à la question dont nous nous occupons. Ce furent, par exemple, les outrages faits à M. Goff, à Matanzas, la prison de M. Turnbull, à Holguin, puis son exil de Cuba ; la visite de lord Morpeth, à la Havane, la mémorable *Conspiration d'O'Donnell* et d'autres plus ou moins importants qu'il n'est pas possible de faire entrer dans les colonnes de *La America*. Mais nous ne pouvons passer sous silence les négociations de 1840 et 1841, entamées dans le but d'obtenir la liberté des noirs africains introduits par fraude à Cuba depuis le 30 octobre 1820.

Il y avait déjà près de deux ans que l'esclavage était aboli dans les colonies anglaises, et il était de notoriété publique que le gouvernement de Madrid persistait à patronner *la traite*. On savait que les négriers espagnols narguaient l'Angleterre, sa marine et ses commissaires. La prospérité fabuleuse des planteurs de Cuba irritait les voisins appauvris de la Jamaïque et des îles Bahamas. Il arriva que ceux-là mêmes qui auparavant s'étaient opposés avec opiniâtreté à l'émancipation de leurs esclaves crièrent au scandale et s'élevèrent indignés contre la contrebande des nègres qui se faisait à Cuba. Soutenus par les abolitionistes de la métropole, ils pressèrent leur gouvernement d'expositions et de représentations, le chargeant d'amener, de gré ou de force, l'Espagne à observer les traités (1). Le Parlement, la presse et les meetings réclamèrent la suppression définitive de cet abus, qui menaçait de s'éterniser. Il y en eut qui proposèrent d'aider les Cubains à se rendre indépendants, puisque ce n'étaient pas eux, mais bien les Espagnols, qui exploitaient la traite et soutenaient l'esclavage. Pour prouver leur assertion, ils citèrent de nombreux témoignages. Des Anglais, bien informés et dignes de confiance, attestaient que les fils de Cuba avaient un nombre très-considérable d'esclaves et qu'ils étaient prêts à en commencer l'émancipation aussitôt qu'ils auraient secoué le joug colonial. Parmi les nombreuses publications consacrées à cette affaire qui se répandirent alors à Londres, il y en eut une qui présenta clairement la difficulté et proposa une solution nouvelle. Peu de temps après,

---

(1) « The Jamaica movement, for promoting the enforcement of the slave-trade treaties and the suppression of the slave-trade. » — London, 1850. — *Printed for gratuitous distribution*, at Charles Gilpin, 5, Bishopgate.

l'auteur reçut une lettre du sous-secrétaire d'État, lui recommandant d'exposer ses idées sous une forme déterminée, de manière que le gouvernement de S. M. B. pût les prendre en considération. Il le fit, et dans une lettre adressée au ministre, il exposa que l'Espagne encourageait *la traite*, en pleine connaissance de cause ; qu'après en avoir délibéré, elle cherchait à augmenter le nombre d'esclaves africains, comme mesure de précaution, afin d'empêcher les Cubains, qui détestaient sa domination, de se soulever. Il prouva l'impossibilité absolue de mettre un terme à ce commerce, tant qu'il y aurait des capitaines généraux décidés à le protéger, et tant que l'on trouverait des acheteurs de nègres sauvages. Il indiqua un moyen très-simple pour obtenir que personne ne voulût les acheter. Ce moyen consistait à demander à l'Espagne que tous les Africains introduits à Cuba, après l'année 1820, fussent déclarés libres et à investir la commission mixte du droit d'exiger des propriétaires de noirs africains la présentation de leurs titres légitimes de propriété. Si l'Espagne refusait de faire justice à ces deux prétentions, l'Angleterre devait la menacer de reconnaître aussitôt et de garantir l'indépendance de Cuba (1).

Cela se passait en mars 1840. Au mois de mai suivant, on envoyait à Madrid la minute d'un nouveau traité dont les clauses s'ajustaient exactement à l'esprit de la lettre mentionnée. La communication de lord Palmerston dont il était accompagné ne contenait pas explicitement des menaces, mais en faisait une délicate insinuation.

Il est facile d'imaginer l'alarme que produisit à Madrid ce « projet de convention » présenté en juin, par Aston, au ministre Perez de Castro. Il y a même eu lieu de croire que, dans cette extrémité, l'Espagne tourna les yeux vers les États-Unis, qui tant de fois ont essuyé ses larmes, quand elle a eu peur de perdre Cuba, et que pendant que l'on y traînait en longueur les négociations, M. Everett alla à la

(1) « The incalculable importance of the object would justify the Government, either in threatening, on the one hand, to recognize and guarantee the independence of Cuba in case of refusal, or in undertaking, on the other, as the price of her consent to an effectual and *bona fide* suppression, to secure the mother country in the possession of this valuable dependency, as long as it remained free from the stain of slave trading. »
Lettre imprimée de M. David Turnbull au vicomte de Palmerston, Londres, 13 mars, 1840.

Havane étudier l'affaire « sur les lieux mêmes ». Quoi qu'il en soit, la régence provisoire du royaume demanda des informations à la capitainerie générale de Cuba, et celle-ci, à son tour, réunit les opinions de diverses corporations et de personnages fort connus. On noircit beaucoup de papier et l'affaire finit par rester en suspens un temps illimité. Mais la plupart de ces informations et de ces mémoires venant de la Havane allèrent aboutir au ministère d'État de la Grande-Bretagne. On trouve là, bien gardés, les rapports de la Junte d'encouragement, de la Société patriotique, du municipe, du tribunal de commerce, du marquis de Saint-Philippe et Saint-Jacques, de don Wenceslao de Villa Urrutia et de plusieurs autres personnes. Peut-être attend-on le jour où l'on pourra s'en servir comme d'un argument pour exiger péremptoirement l'émancipation de tous les noirs importés de l'Afrique pendant les derniers cinquante ans et de tous leurs descendants.

Cette affaire était presque oubliée depuis 1854. On dit que l'Angleterre compte s'en occuper de nouveau. Or, comme, grâce à Carlos Manuel de Céspèdes et à ses Bayamais, on peut dire que le traite des esclaves, entre l'Afrique et Cuba, a cessé pour toujours, nous devons supposer que les délibérations du Parlement anglais rouleront, non pas sur la traite *qui ne se fait pas*, mais sur les conséquences de la traite *qui s'est faite*. Il est fort possible que l'on songe à présent à porter remède à un mal qu'on n'a pas voulu prévoir, mais nous croyons que *le gouvernement* de la Grande-Bretagne, en cette affaire, ne se laisse pas pousser par la charité et qu'il s'inspire plutôt de ses intérêts. Nous craignons donc qu'en cette occasion, comme dans beaucoup d'autres, il se tienne bien plus à la « raison d'État » qu'à des considérations de justice. Aussi voyons-nous avec peine que M. Macias (1), en s'adressant « au public » en Angleterre, a eu si peu de confiance en ses propres forces, qu'il s'est limité à copier textuellement trois publications (2). Ces brochures sont fort bien faites sans doute, mais aucune d'elles n'a été écrite pour des lecteurs anglais « *in the name of the Republican Government of Cuba* ». Nous aurions mieux aimé qu'il nous eût fourni un peu du sien, touchant à fond la question et l'appropriant

(1) « Cuba in revolution. » — London, 1871.
(2) The Cuba question in the light of common sense — New-York) 1869.
« Facts about Cuba » — New-York, 1870.
« Cuba under Spanish rule » — New-York, 1870.

aux circonstances, car le *peuple anglais* est libéral, généreux et surtout abolitioniste. Il embrasserait donc cordialement la cause de l'indépendance cubaine, si l'on parvenait à le convaincre que pour détruire l'esclavage à Cuba, le plus sûr serait d'aider les Cubains à s'affranchir de la domination espagnole.

Mais nous avons mis en doute que le *Gouvernement anglais* eût voulu, jusqu'à présent, empêcher réellement et de bonne foi l'importation d'esclaves africains dans l'île de Cuba. Voici sur quoi nous fondons notre opinion :

Cinquante-quatre années sont passées depuis la ratification du traité de 1817 jusqu'au jour où nous écrivons (1871), et dans ce laps de temps si prolongé, il ne s'est pas produit, de la part de l'Espagne, une seule manifestation de désirs sincères de satisfaire les obligations souscrites par elle, en vendant pour quatre cent mille livres sterling la promesse de renoncer au commerce des esclaves. On pourrait écrire de gros volumes à l'aide des documents d'une authenticité incontestable déposés au Foreign-Office et prouvant, en toute rigueur, que l'Espagne n'a jamais songé à remplir ses promesses. Quarante et quelques ministères, représentant tous les partis politiques dans lesquels sont divisés et subdivisés les Espagnols ont occupé le pouvoir pendant le règne malheureux d'Isabelle. Il n'y en a pas un seul parmi eux, ni parmi ceux de Ferdinand VII qui ait manifesté même l'intention de supprimer *la traite*. Tous ont prouvé au contraire qu'ils la protégeaient de tous leurs efforts. La puissante Angleterre, si peu patiente vis-à-vis des nations fortes, si peu magnanime avec les faibles a pourtant souffert pendant plus d'un demi-siècle que cette misérable Espagne se soit fait un jeu de ses prétentions. Une tolérance si extraordinaire est faite pour inspirer des soupçons.

Ce gouvernement a employé des centaines de mille livres sterling à payer les appointements des juges et des commissaires, et à maintenir deux escadres en croisière permanente sur les côtes de Cuba et de Guinée ; et les sermons que sous forme de notes diplomatiques il a prêchés à l'Espagne pendant ces cinquante ans eussent été capables de convertir tous les sauvages de l'Afrique. Mais il l'a fait avec la certitude absolue qu'il prêchait dans le désert et qu'il jetait l'or à la mer. Son expérience longue et coûteuse aurait dû suffire à lui faire ouvrir les yeux ; mais outre cela, une commission de la Chambre des Communes lui présenta au mois d'août 1853 (1) les preuves nombreuses et irréfutables que les croisières et les commissions mixtes coûtaient beaucoup et ne faisaient rien pour la suppression de *la traite*, commerce patronné par les ministres d'Isabelle II et dans lequel s'employaient les capitaux de Doña Maria Cristina de Borbon (2). Cependant le gouvernement de la Grande-Bretagne ne se tint pas moins opiniâtrément au système des croisières, des commissions mixtes et des notes diplomatiques. Il est resté aveugle devant l'évidence et sourd aux arguments d'une foule d'Anglais qui, depuis lors, lui ont répété, en différentes occasions, ce que M. Everett avait affirmé dans sa dépêche du 1 décembre 1852 adressée à l'ambassadeur britannique, M. Crampton, à savoir : que quant au trafic des esclaves africains, *there is no hope of a complete remedy while Cuba remains a Spanish Colony,* il n'y a pas d'espoir d'y porter complétement remède, tant que Cuba sera une colonie espagnole (3).

Ce ne fut pas, il faut le dire, la première fois que le gouvernement anglais entendit déclarer (par ceux qui avaient droit à sa confiance) que la majorité des Cubains était opposée à *la traite,* que la société choisie de Cuba exécrait l'esclavage et que l'Espagne la forçait à endurer l'opprobre. M. James Kennedy qui remplit à la Havane les fonctions de commissaire britannique pendant treize ans, M. Joseph Crawford qui fut consul pendant douze ou quatorze ans et M. David Turnbull, prédécesseur de M. Crawford, l'écrivirent plus d'une fois dans des communications officielles envoyées de Cuba aux ministres de sa Majesté britannique. M. Kennedy le soutint par la parole (4) devant le parlement, quelques années plus tard, et il confirma les assertions de ceux qui avaient parlé de l'impudence avec laquelle les capitaines généraux s'enrichissaient par ce commerce infâme et du cynisme avec lequel s'y livrait un certain Don Juan Antonio Parejo, agent de Doña Maria Cristina de Borbon (5). On trouve des affirmations du

(1) « Report of the Select committee on Slave-Trade Treaties, together with the proceedings of the committee, minutes of evidence, appendix and index. » — Ordered by the House of Commons to be printed, 12 August 1853.
(2) Ibidem, page 92.
(3) « Correspondence between the United States, Spain and France. » — Presented to the House of Commons, by Command of Her Majesty in pursuance of their address of april 1853. Page 63.
(4) « Slave-Trade Papers », présentés au Parlement, depuis 1841 jusqu'à 1851.
(5) Ses déclarations du 26 et du 29 juillet 1853.

même genre dans l'information poursuivie par la Société des abolitionistes de Londres en 1842 (1) et dans *une autre information* présentée par une commission de la Chambre des Communes en 1853 (2). Parmi les papiers que le consul britannique envoya de la Havane, en 1844, au comte d'Aberdeen se trouvaient la copie et la traduction d'un mémoire écrit par José Francisco Lamadriz (3), signé par quatre-vingt-treize planteurs et propriétaires de Matanzas et déchiré avec rage par le brigadier Garcia Oña, en 1843, parce que les quatre-vingt-treize demandaient au général O'Donnell de *prendre les mesures propres à détruire le trafic illégal.* Ces documents furent présentés par lord Aberdeen au parlement. Ils étaient accompagnés d'autres documents sur la même matière, tendant à prouver ce que nous avons avancé (4). Disons que quelques-uns des signataires du mémoire de Lamadriz expièrent leur irrévérence dans les cachots du Morro de la Havane (5). Dans un écrit dédié au comte de Clarendon en 1849, M. Turnbull disait : *that the highest and the best (Creole proprietors) desire, as devoutly as ever did a Clarkson or a Wilberforce the immediate, total and immutable abolition of the Slave-Trade* (6), que les meilleurs et les plus haut placés (les propriétaires créoles) désiraient aussi ardemment qu'eussent jamais pu le faire un Clarkson ou un Wilberforce l'abolition immédiate, absolue et irrévocable de la Traite. Le docteur King alla plus loin, dix ans plus tard, en soutenant qu'à Cuba *there is a considerable and influential party disgusted with the abominations heaped upon their strand and only awaiting encouragement to seek relief from the infliction* (7), (il y avait un parti considérable et influent

(1) « *Annual Report of the Anti-Slavery Society* » for 1842, qui, entre autres choses, dit, à la page 33 : « the Committee are decidedly of opinion that in Cuba a very strong feeling of opposition to the continuance of the Slave-Trade exists *among the Creole or native population.* »

(2) *Report of the Select Committee,* déjà cité.

(3) Le mémoire se trouve dans la collection de « *Slave-Trade Papers* » de 1844 (Class B., page 6b) présentés au Parlement.

(4) On trouve d'autres papiers fort intéressants à la classe B des « *Slave-Trade Papers* » de 1844, depuis la page 263 jusqu'à la page 423. En lisant ces informations, on ne doit pas oublier les avertissements de M. Turnbull sur les circonstances où se trouvaient les personnes qui les fournirent.

(5) Don Benigno Géner et don Pedro Guiteras.

(6) Turnbull. — « Travels in the West », page 170.

(7) King. — The State and Prospects of Jamaica », page 181.

froissé des abominations accumulées sur leur pays et atten-
dant seulement un encouragement pour se laver de cette
tache). Nous pourrions rassembler encore de nombreux témoignages ; mais nous ne voulons en citer aucun qui ne soit
d'origine anglaise, aucun qui soit postérieur à 1853. Ceux
qui ont été déjà cités suffisent pour démontrer, comme nous
nous proposions de le faire, qu'il y a plus de dix-sept ans
(1871) que *le gouvernement* de la Grande-Bretagne connaît posi-
tivement l'opinion de la majorité des Cubains. Il sait qu'elle
est opposée au trafic des esclaves, il le sait de bonne source et
par voie officielle.

Il y a cinquante-quatre ans que l'Angleterre acheta à l'Espagne la promesse de s'opposer au trafic des esclaves entre
l'Afrique et Cuba. L'Espagne a passé plus de cinquante ans
à tromper l'Angleterre, à la honte de tous. L'Angleterre a
dépensé en vain des sommes énormes pour soutenir des commissions mixtes et pour équiper ses escadres dans des mers
lointaines; elle a condamné, par centaines, ses marins à aller
mourir sans gloire et sans fruit dans des climats insalubres
et elle a perdu son temps à adresser à l'Espagne d'infati-
guables plaintes qui faisaient rire les Espagnols ; tout cela
pour obtenir que l'Espagne remplît ses promesses. Pendant
ce temps on a fait voir à l'Angleterre l'inutilité de sacrifices
aussi onéreux, on lui a fait palper que, si l'Espagne était
seule à décider, *la traite* durerait jusqu'à la fin des siècles; on lui a
prouvé que les Cubains détestaient aussi bien le trafic des esclaves que la domination espagnole ; on lui a démontré enfin que le
moyen le plus facile, le plus sûr et le plus économique d'en finir
une fois avec ce commerce impie, c'était de secourir Cuba,
de l'aider, fût-ce indirectement, à briser les chaînes dont l'Espagne se sert pour l'opprimer. Cependant le gouvernement
anglais n'a voulu ni voir les preuves, ni se laisser vaincre
par la raison et il a continué, avec impassibilité, à employer
ses croisières, ses commissaires et sa diplomatie pendant
que les Espagnols continuaient à transporter des sauvages
d'Afrique à l'île de Cuba.

A la fin un homme s'est trouvé, Carlos Manuel de Cespédès,
qui passant par-dessus tous les obstacles, s'est lancé à la lutte
à la tête d'une poignée de braves, arborant à la Demajagua le
drapeau de l'indépendance. L'insurrection prit feu en orient,
elle passa ensuite au Camaguey, se propagea plus tard à Las
Villas, et voilà bientôt trois ans que Cuba se trouve désolée
par la guerre la plus cruelle que puisse raconter l'histoire.
Dès les premiers jours du soulèvement, les Cubains procla-

mèrent l'abolition de l'esclavage. Partout où leur armée a passé, elle a affranchi des esclaves, et le résultat c'est que, malgré l'Espagne et contre la volonté des Espagnols, le commerce des esclaves est arrêté.

Et à présent, lorsque en réalité *la traite* n'existe plus, on nous annonce que le parlement anglais va prendre en considération l'affaire de la traite. Ce n'est pas, sans doute, pour supprimer une chose qui se trouve supprimée déjà. Ce ne peut être que pour réclamer la liberté des esclaves qui devraient être libres, parce qu'ils sont entrés à Cuba depuis 1820, ou parce qu'ils sont fils ou petits-fils ou arrière-petits-fils de ceux qui se seront trouvés dans ces conditions. Mais, dans les circonstances actuelles, une semblable réclamation faite à l'Espagne serait inopportune et elle aurait en outre toutes les apparences de la mauvaise intention. Elle ne servirait qu'à confirmer l'opinion de ceux qui croient que dans toute cette affaire l'Angleterre ou pour le moins ceux qui la gouvernent ont plus à cœur d'opposer des barrières à l'agrandissement des Etats-Unis que de secourir les malheureux Africains.

Les ministres de Sa Majesté Britannique ont beau vouloir l'ignorer, l'Espagne n'est pas aujourd'hui en possession pacifique de Cuba. Les Cubains ne se sont pas déclarés *indépendants* et ne se battent pas pour « freedom (liberté) of the press, of opinion, and of Commerce », mais pour une existence politique propre et indépendante ; ils ne sont pas disposés à reconnaître « her sovereignty » (la souveraineté de l'Espagne) en échange d'une concession d'autonomie, comme l'a écrit par une grave erreur M. F. W. Chesson dans l'introduction d'une brochure publiée par M. Macias (1) ; mais ils sont décidés à combattre sans trève jusqu'à la réalisation de *l'indépendance* de l'île de Cuba qui pour eux est constituée en république depuis le 10 octobre 1868.

Il y a donc aujourd'hui deux gouvernements qui se disputent la possession de Cuba. D'un côté se trouve l'antique monarchie, amie du traite des esclaves, protectrice de l'institution esclavagiste, responsable de la dure servitude à laquelle sont soumis ceux dont l'Angleterre, — nous voulons bien le supposer, — veut réclamer la liberté ; de l'autre, la république naissante dont le premier acte de vitalité propre a été la reconnaissance immédiate et sans conditions comme libres, de tous les habitants de son territoire, car elle commença par donner la liberté aux esclaves avant de se donner un

(1) « Cuba in revolution », page 10.

gouvernement régulier, et, en formulant sa constitution, elle décréta à jamais l'abolition de l'esclavage.

Si l'Angleterre reconnaissait l'indépendance ou même la belligérance des Cubains, cette reconnaisance suffirait pour donner à la révolution une force morale si grande que dans quelques mois l'expulsion des autorités espagnoles et la disparition de leur drapeau du nouveau monde seraient des faits accomplis. L'anéantissement du pouvoir espagnol et l'émancipation complète de tous les esclaves qu'il y aurait à Cuba se réaliseraient du même coup, et il est certain que si le *public* anglais était au courant de ce qui se passe dans la grande Antille, s'il connaissait les principes, l'état, le caractère et les tendances de la révolution cubaine, il se rangerait du côté de ceux qui combattent pour *l'indépendance* de leur patrie. La seule expression de sa volonté, clairement manifestée, rendrait la vie à un peuple libre, anéantirait du coup et pour toujours le trafic des esclaves et rendrait la jouissance immédiate de la liberté à des centaines de mille hommes, femmes et enfants, qui gémissent aujourd'hui sous le joug de l'esclavage.

J. G. N.

Melrose, 10 juillet 1871.

Note A.

La discussion entre indépendants et autonomistes, soutenue à Paris par *Le XIXe Siècle* dans le sens de l'indépendance, s'est terminée à Cuba Libre, d'accord avec le journal parisien. C'est le président Spotorno qui, avec toute l'énergie d'un patriote austère, a eu la gloire de résoudre la question en faveur de la dignité cubaine.

Voici son décret :

« Le colonel Juan B. Spotorno, président intérimaire de la République de Cuba, considérant que des Cubains résidant dans des pays étrangers répandent des fausses nouvelles sur des projets de paix avec l'Espagne, projets qui n'auraient pas pour base l'indépendance de Cuba.

« Considérant que ces mêmes Cubains ou d'autres, résidant également à l'étranger, entretiennent des relations avec des agents espagnols dans l'espoir que Cuba se soumettra à la domination de l'Espagne au prix de l'autonomie ou de toute autre condition également déshonorante ;

« Considérant que, s'ils se trouvaient sur le territoire de la République et s'ils observaient cette conduite criminelle, ils seraient jugés comme traîtres et espions et condamnés à mort, conformément aux circulaires du 15 février 1871, du 30 juin 1875, et aux autres dispositions sur la matière ;

« Décrète :

« 1° Sont déclarés traîtres :

« *A.* Les Cubains résidant en pays étrangers qui continueront à avoir des relations publiques ou privées avec des agents officiels ou officieux du gouvernement espagnol, ayant pour objet de négocier de la paix sans fonder ces négociations sur la reconnaissance de l'indépendance absolue de Cuba ;

« *B.* Ceux qui en agiraient de même auprès de l'autorité ou des autorités espagnoles ;

« *C.* Ceux enfin qui, directement ou indirectement, répandront des nouvelles tendant à faire croire à un arrangement avec l'Espagne, attentatoire à la souveraineté nationale et à la Constitution de Cuba.

« 2° Les représentants de Cuba à l'extérieur sont chargés de faire publier le présent décret dans les journaux nationaux et étrangers et de faire connaître au gouvernement les individus qui seront atteints par lui, afin qu'en temps opportun ils soient jugés et punis avec toute la rigueur des lois ;

Fait à la résidence de l'exécutif, Camaguey, le 12e jour du mois de mars 1876.

« *Signé :* JUAN B. SPOTORNO, Président intérimaire de la République. »

De pareils décrets prouvent-ils que Cuba soit désespérée et l'Espagne triomphante ?

Note B.

CARTA DE DON JOSÉ DE LA PEZUELA AL PÚBLICO, en desagravio del Teniente General Marqués de la Pezuela. — Habana, 1854.

—— BREVE CONTESTACION DE DON JUAN DE LA PEZUELA...... sobre algunas aserciones...., enunciadas por el Capitan General Marqués del Duero... Madrid, 1853.

——APUNTES PARA LA HISTORIA, sobre la administracion del Marqués de la Pezuela en la isla de Cuba. Por D. M. Estorch. — Madrid, 1856.

—— COLECCION DE PAPELES científicos, históricos, políticos y de otros ramos sobre la isla de Cuba, por Don José Antonio Saco. — Paris, 1858.

—— CUBA ET LES ANTILLES, par M. E. Duvergier de Hauranne, *Revue des deux mondes.* — Paris, Livraisons du 1er Septembre, 1er Octobre et 15 Octobre 1866.

—— RÉFORMES dans les îles de Cuba et de Porto-Rico, par Porfirio Valiente, avec une Préface par Edouard Laboulaye. — Paris, 1869.

—— MESSAGE OF THE PRESIDENT OF THE UNITED STATES, communicating..... information in regard to the progress of the revolution in Cuba, and the political and civil condition of the island. —Washington, December 1869.

—— MESSAGE OF THE PRESIDENT OF THE UNITED STATES, ...transmitting correspondence relative to the struggle for freedom in the island of Cuba. — Washington, February, 1870.

——CUBA AND SPAIN, Putnam's Magazine. — New-York, January 1870.

—— FACTS ABOUT CUBA, published under the authority of the New York Cuban Junta. — New York, 1870.

——VINDICACION, cuestion de Cuba, por un Español Cubano. — Madrid, 1871.

——OBSERVACIONES À LA LEY PREPARATORIA para la abolicion de la esclavitud. — Bayona, 1870.

——NOTES ABOUT CUBA, by Francisco Aguilera and Ramon Céspedes. — New York, 1872.

—— LA ABOLICION EN CUBA. — Madrid, 1873.

—— CUBA Y ESPAÑA. — Sevilla, 1873.

—— LA REPÚBLICA DE CUBA. — New York, 1873.

—— VIDA DE DON JOSÉ DE LA LUZ Y CABALLERO, por J.-I. Rodríguez. — New York, 1874.

—— UNA CAMPAÑA PARLAMENTARIA. — Madrid, 1874.

——THE MAMBI LAND, or adventures of a Herald Correspondent in Cuba, by James O'Kelly. — Philadelphia, 1874.

Paris. — Typ. Tolmer et Isidor Joseph, 33, rue du Four-St-Germain.